तुमड़ी के शब्द

[कविता-संग्रह]

तुमड़ी के शब्द

बद्री नारायण

राजकमल प्रकाशन

ISBN : 978-93-88933-83-4

मूल्य : ₹295

पहला संस्करण : 2019

प्रकाशक : राजकमल प्रकाशन प्रा. लि.
1-बी, नेताजी सुभाष मार्ग, दरियागंज
नई दिल्ली-110 002
द्वारा प्रकाशित

शाखाएँ : अशोक राजपथ, साइंस कॉलेज के सामने, पटना-800 006
पहली मंजिल, दरबारी बिल्डिंग, महात्मा गांधी मार्ग, इलाहाबाद-211 001
36 ए, शेक्सपियर सरणी, कोलकाता-700 017
वेबसाइट : www.rajkamalprakashan.com
ई-मेल : info@rajkamalprakashan.com

मुद्रक : बी.के. ऑफ़सेट
नवीन शाहदरा, दिल्ली-110 032

TUMADI KE SHABD
Poems by Badri Narayan

बाबूजी को

क्रम

सिर्फ चार दिन

पहले दिन इच्छा जगी
दूसरे दिन आस
तीसरे दिन जग गई मुझमें पाने की चाह
चौथे दिन, हाँ चौथे दिन जब मैंने पाने के लिए हाथ बढ़ाया
सेमल का फूल उपह गया बीच आकाश
जीवन कितना छोटा है मेरी हिरण!

भदोही बस स्टैंड पर

बाँधे मुरेठा
सर में पंख खोंसे
खूँट में सुर्ती बाँधे
मारकीन का कुरता, अलमुनियम का लोटा
आम छाप बीड़ी और सतुए की रोटी
बाँधे गठरी में
कबीर खड़े थे भदोही बस स्टैंड पर
बस के इन्तजार में!
यहाँ तो हद-बेहद दोनों चला गया
अब यहाँ रह कर क्या होगा

चलो और कहीं चलें।

ओस, धान की फुनगी, गेहूँ के पौधों की डाली की चमक
और नदी का पानी
जिन सबसे मैं गढ़ रहा था
एक सुन्दर चाँद
सब नीलाम हो गया

यह बस अगर नहीं भी मिली तो क्या
चला ही जाऊँगा किसी और बस से

कंडक्टर ने अगर
टिकट का पैसा न होने के कारण
बस से उतार भी दिया तो क्या

चला जाऊँगा कहीं और
चिड़ियों के आवाज के पंखों पर
सवार,
चला जाऊँगा गाजियाबाद
वहीं लगाऊँगा अपना ठौर

पर गाजियाबाद में भी
जहाँ जाऊँगा बुनने-कातने
वह जगह-वह करघा भी
कोई न कोई खरीद रहा होगा,
कोई न कोई बेच रहा होगा

खंजड़ी की आवाज को मन में सुमिरते
सोचा कबीर ने
कोई बात नहीं
कहीं कुछ नहीं होगा
तो सूरत चला जाऊँगा
यह सोचते कबीर यह भूल गए थे कि
सहमत के अनहद नाद के बावजूद
वहाँ पिजाए जा रहे थे कई खंजर
उनके इंतजार में

मैंने चिंतित हो जब उन्हें
यह बात याद दिलायी
तो उन्होंने उदासी भरे स्वर में कहा,
कोई बात नहीं
जब कहीं भी रहने नहीं दोगे
आप लोग

तो जो चाँद मैं गढ़ रहा था
तुम लोगों के लिए
उसे लेकर मैं अमरपुर चला जाऊँगा
यह कह वे अजब बेचैनी से
अपने मारकीन की बंडी में
कुछ टटोलने लगे
मानो अपनी बगली में चाँद ढूँढ़ रहे हों।

तुमड़ी का शब्द

यह सबद की तुमड़ी है
कि तुमड़ी का शब्द
कहना कठिन है

यह शब्द कितना शाश्वत है
कितना क्षणभंगुर
कहना कठिन है

यह कितना नानक का है
कितना कबीर का
कि कितना बोधा, रैदास का
हिगराना कठिन है
बिलगाना कठिन है
कि यह कितना है जौनपुर से आए खिलाड़ी राम का

इस शब्द में क्या है
बूझना कठिन है

इसमें कितनी चाहतें हैं, कितनी हसरतें
कितने इच्छाएँ, आकांक्षाएँ, स्वप्न घुले मिले हैं,

इसमें कितना भूत है कितना भविष्य
कहना कठिन है

कहना नहीं है आसान कि
इसमें कितना शामिल है इसे कहने,
गाने, सुनने वालों का वर्तमान
इसमें कितना निछुका शब्द है
कितना टेक, कितना कहनी, रहनी और कितना छंद है
कितना आऽऽ, साऽऽ, रेऽऽ का योगदान है इसमें

जिस तुमड़ी से निकला है शब्द
वह कितना जोगी का है
कितना जती का
कितना राजा का
कि कितना है जन का और कितना जनतंत्र का
कहना कठिन है

पर सुनो! इस शब्द से निर्बल को बल मिलता है
निर्धन को धन
अंधे को आँख मिलती है
और बहरे को कान
इसमें निराकार को
निराकार में भी साकार मिलता है

इससे अपमानितों को सम्मान मिलता है
मिलता है इसमें निचलों को उठान
इन्हीं शब्दों से गरीबों में जनमता है
ताज और तख्त हिलाने का स्वप्न
देखो कितने तोप, तीर, तलवार,
आरी, कटार, तने है इस शब्द पर
कई फूलों के बाण से
इसे मार कर खा जाने

में सिद्धहस्त
लगाए बैठे हैं घात

डरता हूँ मैं
इस शब्द के लिए डरता हूँ

बीच-बीच में ढाँढ़स बँधाता है मुझे
तुमड़ी पर गा-गाकर नाचता भगैत
डरो मत कवि!
यह शब्द मरते ही जी जाता है।

दुख पुराण

नीले आकाश में उड़ती
चिड़ियों के हार से
जो चिड़ियाँ पीछे छूट जाती हैं

चरते हुई गायों के झुंड से
कोई बछड़ा पीछे रह जाता है
गड़ेरिये के बार-बार
टिटकारने के बावजूद भी
भेड़ों के गोल से
जो भेड़ छूट जाती है

बीच जंगल में भागते वक्त
हिरणों के झुंड में
बार-बार शामिल रहने की
कोशिश करके भी
जो हिरण हार जाता है

सब चले जाते हैं
और जो छूट जाता है

गहराती साँझ में नदी में नाव चल देती है
माँझी को पुकारता कोई किनारे छूट जाता है
जो आदमी संगत, पंगत और विकास से छूट जाता है
जो टूट जाता है, जो हार जाता है

उसके दुख पर मैं लिखना चाहता हूँ
एक पुराण
अब तक के पुराणों से अलग
पुराणों के अर्थ को तोड़ता
छूट गए लोगों के दुखों की एक दास्तान!

मेरा कोई एक पता नहीं है

वेणुवन में
पत्थर के चबूतरे के नीचे
चुन दिया गया था मैं
प्राचीन काल में

सामूहिक तीव्र स्वर में मंत्र जाप के साथ
एक कर्मकाण्ड में

झीर-झीर पवन वेग के संग
गूँजती हैं उस वक्त फूटी मेरी रुलाई
आज भी आधुनिक काल में,

न चिड़ियाँ-चुरगुन
न पेड़-रुख,
न हिरण-हरकारे
न राही-बटोही,
न फोन, मोबाइल
कोई भी सुनने वाला नहीं

जो सुनता है
वह समझता नहीं

जो समझता है
वह उसका अर्थ करने में
बार-बार हो जाता है
असफल

कोयल, जो सबसे ज्यादा
जानती, सुनती, समझती
और करती है रुलाई की बात
'समझती हूँ, समझती हूँ कहकर
भी कुछ समझ नहीं पाती

सूखे पत्ते की तरह
एक कौआहँकनी, जो उधियाती रहती है बीच जंगल में
वह भी छू-छू कर निकल जाती है मेरी रुलाई
कवि, आलोचक, प्रेमिकाएँ
सबके कान के पर्दे से होकर दिल के दरवाजे पर खटखट कर
लौट आती है मेरी रुलाई

महुआ के बिखरे पत्तो!
तुम तो उड़-उड़ पहुँच जाते हो
कभी -कभार
नागरिकों के बीच
पर तू भी तो पहुँचाते नहीं वहाँ तक मेरी रुलाई

मेरी रुलाइयों की गूँजती है
अनेक आवृत्तियाँ
उनमें से कुछ का वध करने
पुलिस-मिलिट्री घूमती हैं जंगलों में
वो भी नहीं समझ पाते
कि कहाँ उद्‌गम हैं और कहाँ अन्त
इन रुलाइयों का
कि कहाँ ये सिरजती हैं, कहाँ ये जन्मती हैं

कहाँ-कहाँ रहती हैं
और कहाँ ये पहुँचती हैं

बस वे अंधाधुंध चलाते रहते हैं गोलियाँ
चाँद के बीच बैठी,
एक परी सी लड़की
लिखना चाहती है मुझे चिट्ठियाँ
पर उससे मैं कैसे कहूँ
कि तंत्र शक्ति, मंत्र शक्ति,
ज्ञानशक्ति और राजशक्ति
सबके द्वारा मैं जड़ दिया गया हूँ
एक विशालकाय पत्थर के नीचे
पत्थर के ही शिलापट पर

फिर भी,
मेरा कोई एक पता नहीं है
मैं घूमता रहता हूँ
बवंडर सा
बौराया हुआ

पिछले जन्म की याद

मैं अब भी लिए फिरता हूँ
लाल रुमाल में बँधी आग
जिसे पिछले जन्म में किसी ने दिया था
उसे मैंने खुशी-खुशी अपने कुरते के आगे वाले जेब में
रख लिया था
पहले कुरता जला, फिर देह जली,
पिछले जन्म में उसी से हुई मेरी मृत्यु
इस जन्म में भी मेरे संग रह गया है
वही आग बँधा लाल रुमाल
फिर जलने लगी है मेरे कुरते की बाँह
मेरी देह जलने लगी है
पर मैं इसे फेकूँगा नहीं
यह किसी की दी हुई भेंट जो है
इसे मैं जनम-जनम तक रखूँगा साथ।

तुम क्यों नहीं समझते

आनंद, वैभव, खुशियों की तलाश में
मॉल, हाईवे, फ्लाईओवर से गुजरते
तुम पहुँच रहे हो
एक महाबाजार में
उसी बाजार के बिल्कुल बगल से
खुलता है मृत्यु लोक का एक महाद्वार
तुम समझते क्यों नहीं

तुम समझते क्यों नहीं
कि जिन्दगी के हँसी खिलखिलाहटों के बीच
यह दुनिया है एक महाश्मशान
हीरे में भी पत्थर होता है तुम क्यों नहीं समझते
तुम क्यों पानी के बुलबुले पर बैठ
राई-राई, पाई-पाई जोड़ने में समझते हो अपनी शान

तुम समझते क्यों नहीं
कि इस सभ्यता को
कबीर की एक बार फिर आ पड़ी है जरूरत
कि एक बार फिर पुराने डिक्शन में नई बात
कहने की बड़ी आवश्यकता है

तुम समझते क्यों नहीं
कि प्रेम मात्र सुख ही नहीं है
प्रेम के पीछे भरा है अनंत दुख
कि तुम्हें बुद्ध क्यों नहीं आते याद

यह ठीक है कि यह जिन्दगी बहुत मनोरम है
और चौरासी योनी के बाद
मानुष जन्म पाने पर
तुम चाहते हो इस जीवन के हर आनन्द को भोग लेना
परन्तु तुम यह क्यों नहीं समझते
कि चार्वाक दिल्ली में महाभोग के बाद भी कितना दुखी है
और शाहदरा के किसी गली में बैठा फूट-फूट रो रहा है

कि तुम फिर से उस हंसा को
क्यों नहीं करते याद
जो हरे गाछ से उड़ान भरने को
न जाने कबसे खड़ा है
तैयार।

एक पंडुक की रिपोर्टिंग

महुए की घने बगीचे में
अपनी फुलसुँघनी की पीछे भागते
मैं आ गया
आकांक्षाओं के एक महाबाजार में
पंडुक पक्षी की तरह
'एकै तुही' 'एकै तुही' बोलता हुआ

मेरे साथ आए थे
तीन तोते, एक पपीहा, एक हारिल
एक महरि पक्षी अतिसुन्दर
उनमें से तीन तोते तो इस माया बाजार में
भड़क उठी कामनाओं की अग्नि में जल मरे

पपीहा महत्वाकांक्षाओं के भयानक युद्ध में
शहीद हुआ,
हारिल ने दम तोड़ा संसद भवन के ठीक पीछे के
रसोई घर में

स्वाद, सम्बन्ध, रिश्तों की बहुलता की
चकमक आक्रामकता से दीप्त बाजार में

मैं मिटा
'तुही' 'तुही' करता हुआ

मेरे साथ आई महरि चिड़िया
आज भी रहती है
यहीं कहीं साउथ दिल्ली में
रोज आधी रात के बाद
मैं जली! मैं जली!!
चीखती हुई।

अगर आप कविता लिखें

अगर आप जिसके खिलाफ कविता लिखें
और वही उस कविता की लोगों से करने लगे तारीफ
तो आपका क्या होगा,
आपकी कविता का क्या होगा,
आप उसका करेंगे क्या
तो उसको आप कहेंगे क्या
महामानव, महाकारुणिक या क्या
अगर आप किसी के अन्याय से तंग हो उसकी हत्या करना चाहें
और वह आप की ही प्रशंसा करने लगे
आपके विरोध को जो आपके सामने ही
प्रेमजाल में बाँधकर उसका वध कर डाले
अत्याचारी के अत्याचार के खिलाफ आपमें उपजती घृणा और
प्रतिरोध को चूस जाए
आपके नकार को आप ही के खिलाफ कर दे,
जिसके खिलाफ आप लिखते हैं पर्चा
और यह पर्चा वह अपनी तारीफ में यूज कर ले
क्या करेंगे ऐसों का, कवि जी क्या करेंगे
जब पजाने के लिए न हो कोई पाट
तो अपने विचारों को कैसे तीक्ष्ण करेंगें
प्रतिरोध का कौन सा नया राह चुनेंगे

बुरूंस के फूल

बुरूंस के फूल! बुरूंस के फूल
तुम अपने पत्तों के इतने पास कैसे रहते हो
मेरी प्रिय तो इतना दूर रहती है
न जाने तूने पूर्व जन्म में कौन से किए होंगे पुण्य
और इस जन्म में न जाने कौन पर्व किया होगा
कौन-कौन सा दिन भूखे रहे होगे
किस महादेव पर जल चढ़ाया होगा
मैं यही सोचता हूँ खड़ा यहाँ एकांत में

आकाश में उड़ता एक लाल पतंग मुझे समझाता है
कृष्ण भी तो राधा से कितना दूर रहे थे
कि मालूशाही भी कितना तड़पा था
राजुला के लिए
कि तन भी आत्मा के लिए कितना तड़पता है
कि मन से पूछना कि वह कैसे रह लेता है प्राण के बिना
मछली हालाँकि मर जाती है तड़प-तड़प
पानी के बिना
पर रह तो लेती है
कि देखो बेतवा, चेनाव नदियों में भी कितनी तड़प है
कि लकड़ी से ज्यादा जलती है आग
कि कालीदास भी अकेले रहे कितने साल

कि नेहरू को भी लेडी माउंटबेटन कहाँ मिलीं
कि रात जिसके आगोश में इतने होते हैं अरमान
उसके भी सारे अरमान कहाँ पूरे हो पाते हैं
कि बंगाल के राजा लक्ष्मण सेन जिस
भीलनी औरत के प्यार में थे पागल
वह भीलनी उन्हें मिलकर भी कहाँ मिल पाई
कि मिलने की सम्भावना का बिल्कुल न होना
कि मिलते मिलते न मिल पाना
कि न मिल पाने के लिए छूट जाना
कि मिल मिलकर छूट जाना
यह सब तो हैं पार्ट ऑफ लाइफ
समझा रहा था मुझे
आकाश में उड़ता पतंग।

देश

जैसे चिड़ियों के देश नहीं होते
क्या ऐसा हो सकता है कि
कवियों का भी देश न हो
चिड़ियाँ चली जाती हैं एक जंगल से दूसरा जंगल
और कोई उनसे उनका पासपोर्ट नहीं माँगता
कोई नहीं पूछता कि-रे चिड़िया तेरी पहचान क्या है
तुम तो रहने वाली वहाँ की हो, यहाँ क्यों आई,
न उन्हें वीजा सम्बन्धी किसी पूछ-ताछ से गुजरना होता है

क्या ऐसा हो सकता है कि किसी भी सरकार के पास कवियों को
नागरिकता दे पाने की
और देश से निकाल पाने की
न शक्ति हो, न अधिकार
न उन्हें बीमा करना पड़े
न एंबेसी में बार बार जाना पड़े
जब चिड़ियों के लिए जेल नहीं होते
तो आदमी के रूप में रह रहे
कवि के लिए ही क्यों हो जेल
कि उन पर नियंत्रण क्यों हो
कि उनके लिए खाके और खाँचे क्यों हो
न कोई बिहारी कहे, न कोई पहाड़ी

लोगों, नागरिकता से परे उन्हें लोग में
तब्दील होने दिया जाए
एक सागर बनने दिया जाए,
उन्हें एक सागर में बहने दिया जाए
कुछ ऐसा किया जाय कि
भाषा से आजाद हो भाव
सबसे अपनी बात कर पाएँ
और कल्पनाएँ कहीं से उड़कर
कहीं चली जाएँ
पासपोर्ट के बिना

भारत विजय

तेरा मुँह घोड़े का है
देह सोने की
वालमार्ट में डालर गिनते तू कैसा सजता है
कनक से बनी तेरी देह के भीतर
भिनभिनाती हैं मक्खियाँ

हीरे के खम्भों के बीच
सुवर्ण वृक्ष उगे हुए हैं

2

करते कराते
छेदन करते
सेंध मारते
बाजार लूटते
राष्ट्र नायकों को खुश करते
झूठ बोलते
डाका डालते बड़े करीने से
यहाँ आ गया है तू
मैं जाल में फँसे पक्षी की तरह
करता हूँ तेरा स्वागत।

3

कार, मोबाइल, लैपटॉप
उपराजने से भी
बड़ी बात है लालच उपराजना
आलस्य में लालच जनमता है
लालच से जन्म लेती हैं असीमित आकांक्षाएँ
वे खुश हैं
अपनी आकांक्षा उपजाने की शक्ति पर मुग्ध हैं

यही लालच है जो हमें
आदमी के स्तर से नीचे गिराती है
यही इच्छा है जो हमें घसीट कर क्यू में ले जाती है

यही हमें बैंक लोन से लेकर
वालमार्ट के कब्जे में पहुँचाती है
यही हमें उनके तुला-तराजू पर चढ़ाती है

वे हमें जिन्दा तौलते हैं
और तौलते हैं हमारे भीतर
अपने द्वारा पैदा किए गए
लालच की ताकत

वे हमें मारते हैं और फिर तौलते हैं
हमारा वजन

कैलकुलेटर से हमारे जीवित अवस्था के
तौल से मृत अवस्था का तौल
घटाते हैं
वे जोड़ते हैं, घटाते हैं
वे घटाते है, फिर जोड़ते हैं

जब-जब वे कन्फ्यूज होते हैं
तब जीते ही हमारा चमड़ा, मांस
स्नायु, हड्डी और मज्जा अलग कर देते हैं
और फिर लेते हैं दुबारा तौल

वे नापते हैं लालच का आकार प्रकार
वे तौलते हैं लालच का अनंत प्रभाव
इस बाजार में चारों तरफ छिटी हुई हैं
सफेद कबूतर की तरह हमारी हड्डियाँ

रानी तेरा नौकर

रानी तेरा नौकर
जो तुम्हारा चप्पल चमकाता था
तेरे घोड़ों की करता था मालिश
आज सूटेड-बूटेड
तेरे राजभवन में किताब पढ़ रहा है।

तुझे खुशी हुई कि दुख!
तुझे हैरानी हुई कि परेशानी

मैंने सोचा! चलो
चल कर देखते हैं कि राज भवन में
शैया पर लेटे अपनी पत्नी संग
वह क्या पढ़ रहा है

तुझे यह जानकर आश्चर्य होगा रानी
कि तुझसे आजादी के इतने सालों बाद भी
तेरे एक सलाहकार द्वारा लिखी
वह तुम्हारी जीवनी पढ़ रहा है

जीवनी पढ़ रहा है
और मुग्ध हो किलक-किलक
अपने बच्चों को भी सुना रहा है
तुम आज भी उसमें कितनी जीवंत हो रानी।

वह

ग्यारह साल हो गए उसे पहनते हुए फटे कपड़े
नौ साल से कम नहीं हुए होंगे खाए दोनों जून रोटी
सात साल हो गए उसे रोज-रोज होते अपमानित
तीन साल हो गए उसे रोज-रोज जलालत सहते
रोज छीजते, रोज क्षरित होते
जितने साल हुए उसे जन्म लिए हुए
उतने ही साल हुए उसे तिल-तिल मरते
हे बुद्ध! आपकी धरती पर यह जीवन की
कैसी परिभाषा है?

करीमन बी

पेड़ सिर्फ पेड़ नहीं होते
पेड़ों के भी अपने परिवार होते हैं
गिलहरी, पत्ते और फूल
और चिड़ियाँ होती हैं
चिड़ियाँ सिर्फ चिड़ियाँ नहीं होतीं
चिड़ियों के भी अपने नाम होते हैं
लड़कियाँ सिर्फ लड़कियाँ नहीं होतीं
लड़कियों के भी अपने नाम होते हैं
बहुएँ सिर्फ बहुएँ नहीं होतीं
बहुओं के भी अपने नाम होते हैं
पत्नियाँ सिर्फ पत्नियाँ नहीं होतीं
पत्नियों के भी अपने नाम होते हैं
ये नाम सिर्फ नाम नहीं होते
इन नामों का अपना इतिहास
और अपना भूगोल होता है
इन नामों का अपना वजूद होता है
इनकी अपनी हिस्सेदारी होती है
इनकी अपनी भागीदारी होती है
इनकी अपनी सत्ता और सम्पत्ति होती है
दस बजिया फूल खिलने लगे हैं

सुनीता स्कूल जाने लगी है
और देखिए उधर करीमन बी
जनतंत्र का दरवाजा खटखटाने लगी है

विचार मृत्यु

रोज नये नये चिप्स
नये-नये गजेट्स
मोटोरोला, सैमसंग, नोकिया
यूनिनॉर, वोडाफोन, एयरसेल
एयरटेल
ये मात्र मशीनें नहीं हैं
विचार हैं
ये मात्र सुविधाएँ नहीं हैं
विचारों के प्रवाह के मार्ग हैं
उनमें स्वप्न देखता है
सिलिकॉन वैली
दिल्ली की आँखों से

मोदी आएँ या केजरीवाल
आँखें तो वही रहेंगी
और वही रहेंगी पुतलियाँ
निक्सन रहें, क्लिंटन
या ओबामा
स्वप्न भी वही रहेंगे

मड़ियाहूँ को तो जीत लिया
चिली, मकाऊ और
नदियावाँ पर भी राज करना है

गाँव सिर्फ गाँव नहीं थे
विचार थे

धीरे-धीरे मर रहे हैं गाँवों के विचार
यह हम समझ नहीं पा रहे हैं
पर स्वर्ग में गाँधी जी
और जंगीगंज में रात में रोते हुए सियार
इस बात को अच्छी तरह समझ रहे हैं

सूर्य उत्तरायण में जाने वाला है
शर शय्या पर लेटे
गाँव के विचार
अपने मृत्यु का इंतजार कर रहे हैं
हमारे घर के पीछे रात चार बजे के आस पास एक कुत्ता रो रहा है
कि शायद इन विचारों के मरने के बाद
इनकी लाशें जलाने वाला
भी कोई नहीं बचेगा
न आदमी, न जानवर,
न चिड़िया, न चुरगुन

लगाओ गुहार

जैसे सेनाएँ आती हैं युद्ध लड़ते हुए
धर्म आते हैं पताका फहराते हुए
हर-हर, अल्ला-हो-अकबर गुँजाते हुए
साम्राज्यवाद का तोप चलाते हुए
वैसे ही अब सत्ता एवं शक्ति के विचार आते हैं
मीडिया, मोबाइल, बाजार और आर्थिक कूटनीति के साथ

शक्तिवानों के विचार आते हैं
कमजोरों के विचार को हराते हुए
फिर अपना साम्राज्य फैलाते हैं

लोगो! भूलो मत
तीसरी दुनिया में अभी भी चल रहा है
विचार का एक दुर्धर्ष संग्राम
और दुख के साथ कहना पड़ रहा है कि
देशज विचार लगभग हारने के करीब हैं

कवियो! थोड़े क्षण के लिए दिल्ली और केपटाउन की माया से मुक्त होओ
बचाओ अपने को क्रिओल में बदलने में

लगाओ गुहार
कि बच सके देशज विचार
और कहीं नहीं तो
गिरि-पर्वत, जंगल-झाड़ में ही
उनके भी पक्ष में चलाओ
एक हस्ताक्षर अभियान
कविगण! मेरे देश की शान

अमरपुर गाँव

अमरपुर गाँव में इसी इमली के पेड़ के नीचे
नानक, कबीर, रविदास, अम्बेडकर
कभी-कभी मिलते हैं
और आपस में दुखों-सुखों पर करते हैं विचार
आज सुबह से ही वे चिन्तित हैं
चिंता, जैसे मन्दराचल पहाड़
सूर्य ढलने को आया
पर जा ही नहीं रही हैं
उनके माथे से चिंता की लकीरें

वे चिंतित हैं कि
उन्होंने जो बनाई थी लोकतंत्र की चाभी
वह काम क्यों नहीं कर रही है
अँधेरा इतना बढ़ता जा रहा है कि
जो दीपक जलाये थे
वो हारते जा रहे हैं
जैसे-जैसे गहरा रहा है लोकतंत्र
असमानता की नई-नई कोटियाँ
बनती जा रही हैं

आत्मा देह के प्रति
और देह आत्मा के प्रति
क्रूर होती जा रही है।

सोच यही सब
कबीर अपने बीजक पर
और अम्बेडकर अपने संविधान पर
कर रहे हैं पुनर्विचार
और साथ साथ
अपनी आत्मालोचना भी कर रहे हैं।

बेगमपुरा एक्सप्रेस

अमरपुर से बेगमपुरा तक
चलती है एक ट्रेन
बेगमपुरा एक्सप्रेस
सुबह पाँच दस पर
बिल्कुल ब्रह्मबेला में।
टिकट काउंटर पर बैठा है क्लर्क टिकट लेकर
कहते है कि पैसे से मिल जाता है सब कुछ
पर लोग हाथ में ले खड़े हैं पैसे, रुपये व एटीम कार्ड
टिकट बाबू फिर भी उन्हें टिकट नहीं देता

कत्ली, खूनी, बलात्कारी,
बेईमान, चालू, फ्रॉड, लम्पट,
हिंसक, झूठ, बवाली,
सुल्तान, साहेब, मालिक
इन सबको नहीं मिलेगा टिकट
दम्भी कवि, सत्ता के बौद्धिक
सब खड़े रह जाएँगे और नहीं मिलेगी
उन्हें इस ट्रेन की टिकट

टिकट बाबू अगर इन्हें बेचना भी चाहेगा
तो उसके हाथ बेकार हो जाएँगे

जो ढाई आखर जानता होगा
वही बेचेगा टिकट
जो ढाई आखर जानता होगा
वही पाएगा टिकट

लहरों से होकर आए तारों को
कोमल मन सुकुमारों को
सराय के मालिकों को तो नहीं
पर सराय में रुकने वालों को
मिल जाएगी टिकट

टिकट बाबू सोना ले लो, चाँदी ले लो
मुहरें और मोती ले लो
पर दे दो मुझे टिकट
कई दशकों से मैंने कोई यात्रा नहीं की है
मैं जाना चाहता हूँ
बेगमपुरा

ट्रेन खुलने लगी है, हरे पंछी पेड़ से उड़ने लगे हैं
ट्रेन में धाना बैठे हैं
पीपा बैठे हैं
बैठे हैं सेना नाई
ट्रेन खुलने लगी है।

यह मन रख लो

भोग के रोग में मर रहे मानुष तुम
अपने भीतर के राग को बचाओ
राग को तो बचाओ
विराग को बचाओ
नहीं तो वामपंथी, दक्षिण पंथी, सेंट्रिस्ट कोई भी हो
उपभोग की अग्नि में जल मरोगे

वह कहता है मेरे मन के कोने में धीमे से
मान लो तुम अगर कॉरपोरेट एक्जीक्युटिव हो
या तुम्हारे पास हो सत्ता की चाभी
तेरी बीबी सोशलाइट्स हो और सत्ता-शक्ति
की प्यारी हो
पर अगर तेरे पास तेरी भाषा, भाव
और लय नहीं बचेगी तो बचेगा क्या
इसलिए ऐश्वर्य की प्यास में छटपटाते मन
अपने भीतर कभी-कभी
चिमटी, खपड़ी, खंझड़ी को याद करो
सोना, रतन, मणि, मुक्ता से सजे अपने देह में
कहीं कहीं और कभी-कभी
विराग की राख लगा
यह मन रख लो

फकीर की याद

किससे कहूँ मन की बात
मेरे पास सब कुछ है
पर मेरे भीतर नहीं है
मेरा फकीर
उपभोग के गरजते बादल
लालच के घन अंधकार में
न जाने कहाँ खो गया है
मेरे भीतर का रमता जोगी
जब मैं छोटा था तो मेरे भीतर था,
मेरा रमता जोगी
मेरे साथ पढ़ता
लिखता, खेलता था पर न जाने अब कहाँ गुम हो गया
यहाँ ढूँढ़ा, वहाँ ढूँढ़ा, मॉल, पी.वी.आर.
की चमकती दुकानों में पर उसका कहीं भी पता नहीं
कामना, लिप्सा, अभीप्सा,
बुभुक्षा की धधकती अग्नि में
हो सकता है वह जल कर राख हो गया हो,
और उसके राख में लिपटा मेरा मन
मेरे तन में पड़ा हो
अगर उसे जाना ही था
तो पूरी तरह चला गया होता

पर वह अब भी है कहीं मेरे भीतर
राख के रूप में, धुंध के रूप में
धुएँ के रूप में
जब भी मैं राग, रंग, आनंद में मस्त होता हूँ
वह न जाने कहाँ से आ जाता है मेरे भीतर
और मुझे चिढ़ाने लगता है
वह मुझे चिढ़ाने लगता है
इतना शेयर, इतना डिबेंचर
एक चिड़िया बचा लो तो जानें
इतना रुपया, इतना डॉलर, इतना इंश्योरेंस
अपनी आँखों में आँसू
बचा लो तो जानें
बचा लेते हो तुम
हीरे, मोती, हुंडियाँ
अपने को अलमूनियम का बरतन बना
अपने में बारिश की कुछ बूँदें
संजो लो तो जानें
चिल्लाता है वह जोर से
अलख निरंजन!

गोरखवाणी

अन्न को भूख लगती है
पानी को प्यास
भाव को भी भावनाओं की जरूरत होती है

फलों को भी स्वाद चाहिए
अग्नि को भी आग
बहते हुए नीर को भी
नीर का आवेग चाहिए
बारिस को भी चाहिए उसे भिगोने वाला पानी
कंबल को भी गर्मी चाहिए

स्रष्टा को भी सार चाहिए
स्रष्टा को भी भाव
ज्ञान को भी सबद चाहिए

मुझे भी कुछ चाहिए
पर क्या चाहिए
यह न मुझे पता है
और न औरों को

दिव्यवाणी

मैं अजर और अमर हूँ
तू मृतमान
देह छोड़ते वक्त
आत्मा मुस्कुराई
तभी गोरख की आवाज आई
आत्मा भी मरती है
और देह भी
यम भी रोता है
और यम को भी अपनी मृत्यु का शोक होता है

खोया हरा सुग्गा

जैसे हाथ से दमड़ी खो जाती है
जैसे खेलते वक्त निशाना मारने पर कभी-कभी टन्ना खो जाता है
जैसे अंगुलियों से रेंड़ी छूट जाती है
जैसे देखते ही देखते हवा में उड़ जाता है रुई का फाहा
जैसे गाँठ में बँधी किसी की कमाई खो जाती है
जैसे नीम के पत्तों से नीम का फूल खो जाता है
जैसे गौरेया के चोंच से कभी-कभी छूट जाता है तिनका

जैसे हिरण की राह बिछुड़ जाती है
जैसे पानी में सिक्का खो जाता है
वैसे तुम मत खोना

जब सब कुछ खो रहा हो आज के वक्त
और कहते हैं कि खोई चीजें कभी मिलती नहीं
पर अगर तुम्हें मजबूरी में खोना भी पड़े
तो खोकर मिल जाना

ज्यों अनार के पेड़ को कई बार मिल जाता है
उसका खोया हरा सुग्गा

जैसे एक अगहन में नहीं तो दूसरे अगहन में
बाजरे के डाँठ को
उसका अपना गौरेया मिल जाता है
जैसे टूट रहे सपने को नींद मिल जाती है
और उदास आकाश को
मिल जाता है
उसका शुक्रतारा

कुरता और लड़की

एक कुरता था
एक लड़की

लड़की को वह कुरता
बहुत पसंद था,

जब भी वह उसे
मेरे देह पर देखती
मुग्ध हो जाती

धीरे -धीरे वह कुरता पुराना
होता गया

उसके धागे घिसते गए
रंग उड़ता गया,
धीरे-धीरे वह लड़की
उस कुरते से उदासीन होती गई,

उसे देखती और आँखें झुका लेती
मैं उस कुरते को ले कोरी के पास गया

कोरी! कोरी! इस कुरते के धागों को फिर से नया कर दो
उसने कहा, यह मेरे बस में नहीं

फिर रंगरेज के पास गया?
रंगरेज! रंगरेज! इस कुरते को फिर से रंग दे
उसने कहा, यह मेरे बस में नहीं,
उसी वक्त करवा चौथ के लिए आकाश
पर आए चाँद ने कहा,
यह काम न दुनिया कर सकती है, न देवता
उसे नया सिर्फ वह लड़की कर सकती है,
जो इस पर पहली बार
मुग्ध हुई थी।

हमारे बीच

तुमने उस दिन मुझसे धीमे से कहा था
तुम इतना कम क्यों खाते हो

क्या करूँ
तुम्हारे सामने भूख ही नहीं लगती
धन की चाह नहीं जगती
ऐश्वर्य की कामना नहीं लेती हिलोरें
यश की चाह तनिक भी नहीं होती
समृद्धि की चाह नहीं जगती
उपलब्धि, प्रसिद्धि सब लगते हैं निरर्थक
जगता नहीं अहम् का भाव

सोना, चाँदी, रुपया, डॉलर
शेयर, फ्लैट्स, पुरस्कार
कुछ भी आते नहीं याद

बातें थक हार कहीं
सो जाती हैं

हम दोनों के बीच
आकार लेता है एक इतिहास

टिन के बने पुराने
डालडा के पिचके डब्बे जैसे
तुड़े-मुड़े वर्तमान के बीच

पुराने तरह की एक कविता

आओ न!
जैसे परियाँ उड़कर आती हैं
जैसे जादू का असर आता है
जैसे कार्य-कारण सम्बन्धों को धता बताते
जीवन में संयोग आता है
कहीं से भी किसी तरह बार-बार आने वाली लय की तरह
आओ न!
आओ न!
जैसे सृष्टि में कभी-कभी और कहीं-कहीं
आकाश का मोह छोड़ शुक्र तारा टूटकर पृथ्वी पर आ जाता है।
तमाम सावधानियों को धोखा दे
जैसे आँखों की पपनी पर आती है नींद की झुंकनी
सेज हो या टूटी खाट
जैसे नींद में सपने आते हैं
आओ न!

आओ न!
इस कदली वन में
पागल करने वाली तेरी याद आती है जैसे
जैसे नबोज सागवन के पेड़ की 'फुनगी' पर
झूमती हवा आती है

जैसे रेत में जल आता है
आओ न!

आकाश में बादल के होने की अनिवार्यता को नकार
बारिश की बूँदें आती हैं जैसे
जैसे बरसात में कभी-कभी
झक से पीली-सी धूप आती है

जिस गति से ताड़ की फुनगी से टूट
ताड़ का फल धरती पर आता है
उसी गति से आओ न!

जैसे चकमक पत्थर के कई बार टकराने पर
कभी-कभी अग्नि की चमक आती है
जैसे देवता के सामने किए गए सहस्त्र मनोकामनाओं में से
कभी कोई मनोकामना
पूरी हो जाती है
आओ न!

आओ न!
जैसे असम्भवों में सम्भव आता है
कविता लिखते वक्त जब
प्रयास करते-करते हार जाऊँ
और कविता न बने
तो मुझे उबारने के लिए जरूरी शब्द बन आओ न!

जैसे अपने आप कभी
पेड़ की डाल से चू महुआ हथेली पर आता है
तुम आओ न!

बिना ख्याल किए कि
पूर्णिमा है या अमावस्या

उसका शहर

मैं उसके शहर से जा रहा हूँ
अपने आप को छोड़कर

अपने आपको छोड़कर
और अपनी आत्मा को छोड़कर
अपनी गिलहरियाँ, अपने खरगोश, अपने हिरण
और अपना हंस छोड़कर
अपनी सारंगी, अपने तंबूरे छोड़कर

शब्द लौटना चाह रहे थे मेरे साथ
मैंने कहा, भावों के बिन लौटकर क्या करोगे
वाक्यों ने जिद करते हुए कहा,
हम तो तुम्हारे साथ बने हैं,
हम तो तुम्हारे साथ रहेंगे
मैंने कहा, मेरे साथ चलकर तुम क्या करोगे
उसके बिन तुम क्या रचोगे

यह जो मेरा तन है, यहीं रहेगा
ये मेरे तन पर टँगे कपड़े हैं
जो मेरे शक्ल में जा रहे हैं इलाहाबाद
यह समझ न पाया मेरा आई.डी. माँगता

एयरपोर्ट के गेट पर खड़ा
सी.एस.एफ. का जवान
मेरी साँसें, मेरे पदचाप, यहीं घूमेंगे
आस-पास

मेरे दोस्त, जो विदा करने आए
शायद समझ न पाए
कि मैं जा रहा हूँ यहाँ से
अपनी आवाज छोड़कर
मेरी आवाजें हल्के-हल्के गूँजेगी उसमें
बिना उसे
डिस्टर्ब करते हुए
मैं चाहता हूँ कि मैं जाऊँ
पर मेरी आँखें यहीं रह जाए
जो देखें उसे लिखते हुए
काम करते हुए, राज करते हुए
अपने पति को खिलाते हुए
बेटी को प्यार से सहलाते हुए

मैं इस शहर से जाऊँगा
बालों से भरे अपने कान छोड़कर
जो सुनेंगे उसकी हल्की लहरों-सी आती आवाज
मत डर मेरे यार! किसी को नहीं होगा भान,
इस शहर में कोई गालिब नहीं है
जो यहाँ किस कालोनी के किस फ्लैट में
मेरा दिल रहता है, भाँप पाए

जो दोस्त मुझे विदा कर रहे थे,
पूछ रहे थे, ठीक से सबकुछ पैक कर लिया न!
उन्हें पता ही नहीं था कि
मेरा क्या-क्या छूटा जा रहा है यहाँ
मेरा जीवन, मेरी साँसें, मेरी आत्मा,

मेरी आँखें
जिन्हें लेने मैं शायद यहाँ
अब कभी आ न पाऊँ।

चुप्पी

चाँद, रात, महुए के फूल का बास और
अनंत उड़ानों से बनी
वो थोड़ी जादू थी, थोड़ी लड़की
थोड़ी-थोड़ी उड़ती हुई चिड़िया थी वो

वो थोड़ी दिन थी, थोड़ी रात
थोड़ी चुप्पी, थोड़ी बात
वो वैसी थी मानों झूठ हो वो
पर मैं उसे जितना जान पाया
उतनी थी वो साँच
कुछ-कुछ ओस थी वो, कुछ-कुछ धुंध
वो वैसी थी जैसे सोनमछली हो वो,

आँखों के कोर में रहने वाली स्वप्न
हवा की सिहरन थी वो
आपने महसूस किया है कभी मोर की पुकार
मोरनी का आकर्षण
कोयल की कूक
थी वह।

तन की आत्मा, मन का प्राण
आधी रात में महकने वाली डुमरी का फूल जैसी थी वो

वह सचमुच में क्या थी, कौन थी, जब मैं जानता नहीं तो
क्या कह सकता हूँ
मैं तो बस इतना कह सकता हूँ
थी वो थोड़ी-थोड़ी चाँदनी की चमक में
दूर से दिखने वाली रेत पर सोई नदी के समान

वह प्यार थी, और कुछ नहीं
बिल्कुल प्यार

टूटती, टूट-टूट कर जुड़ती, जुड़कर अनंत से आती हुई
एक पुकार के समान

तुम चले जाओगे

तुम चले जाओगे
तो गाछ के पास क्या बचेगा
जड़ तो है ही नहीं
फुनगी भी नहीं रही
तो उसके पास क्या रहेगा
फिर पत्तों में क्यों कर रहेगी हरियाली
फूलों में लाली फिर क्यों आएगी
टिकोरे आ-आकर झर-झर जाएँगे
मोजर आ-आकर भहर जाएँगे

न उसके पास सपने रहेंगे
न आकांक्षाएँ

डाढ़ उग-उग कर
सूख जाएँगे

तनों के छाल झर-झर कर
छूट जाएँगे
न कोई आस रहेगी
न कामनाएँ
तुम चले जाओगे तो

तो इस गाछ वृक्ष के पास क्या बचेगा
न कोई चाँद आएगा
न चाँदनी

दूज, तीज, पुर्णमासी
आ-आकर चले जाएँगे

वह अकेला ही रह जाएगा
न उसके लिए जीवन बचेगा
न मृत्यु

बिना ध्वनि के

शाम हुई
बीच आकाश में उगता हुआ लाल सूरज
अस्ताचल की ओर पयान कर गया

चिड़िया घोंसले में गई
गायें गईं अपने गौशाले में
तितली बागों में कहीं खो गई
प्रेमिका गई अपने परिवार का ध्यान रखने

बैल बथानों में गए
गाँवों से शहर रोज काम करने आने वाले
अपने-अपने गाँवों को लौट गए

विचार भाषा में लौट गई
लालच क्रिया करना छोड़
भावों में लौट गई

गंगा किनारे घंटी की आवाज
गूँजकर घंटी में जा ठहर गई

मैं अभी भी बज रहा हूँ
अपने आपमें
बिना किसी ध्वनि के
बिल्कुल अकेले

तेरा न होना

दुनिया में होते हैं तरह-तरह के रंग
तेरे न होने के रंग जैसा
कुछ होता नहीं है

दुनिया में होती हैं तरह-तरह की चीत्कारें
तेरे न होने की चीत्कार जैसा कुछ होता नहीं है

सब कुछ होते हुए भी कुछ भी न होने की आवाज
शायद मेरे सिवा किसी और ने सुनी नहीं होगी

दुनिया में होते हैं तरह-तरह के खालीपन
पर तेरे न होने के खालीपन जैसा कुछ नहीं होता है
जैसे किसी सराय में बीत रही हो जीवन की
अन्तिम रात
तुमसे फिर से मिल पाने की उम्मीद के बिना

दुनिया में होती है तरह-तरह की रातें
पर तुम्हारे बिना वाली रात जैसी
कोई रात होती नहीं है

जंगल, पहाड़, नदी, मरुस्थल
सृष्टि में होती है तरह-तरह की नीरवता
पर ऐसी नीरवता कहीं होती नहीं है
चिड़ियाँ, चुरगुन, हवा, मानो सबने मना कर दिए हों
संदेश ले जाने से
कॉल बेकार जा रहे हों
संदेश डेस्टीनेशन खोजते घूम रहे हों साइबर स्पेस में
ऐसी स्याह शाम जिन्दगी में मैंने कभी देखी नहीं थी

सुबह का इंतजार

अनाज, जो अँकुरा नहीं पाते
कविताएँ, जो अपने भीतर सफल होने की सकल
सम्भावनाएँ रखकर भी
सफल नहीं हो पातीं
प्रेम का प्रस्ताव, जो कंठ से निकल नहीं पाता
मधुमक्खियाँ, जो छत्ता रच नहीं पातीं
मकड़ा, जो अपना घर बनाना चाहकर भी
घर बना नहीं पाता

पहाड़ काटते-काटते उदास हो पहाड़ काटना छोड़
लकड़ी काटने में लग जाने वाले आदमी की
आँखों की वैसी चमक जिसे आनी थी वो आ नहीं पाती
मूँगफली का जो दाना जमीन के नीचे पकते वक्त
फट जाता है
माँ अपने बेटे के लिए जो अरमान रखती है
तंगहाली के कारण वह जिन अरमानों को
पूरा नहीं कर पाती

पार्क में उदास बैठा वह युवा, जो अपने जिस
सपने को सच करना चाहता था
सच कर नहीं पाता

कि भौंरे, जिनकी गुंजार हवाएँ लील जाती हैं
मल्लाह, जिसका जांगर नदी, घाट का
ठीकेदार और मगरमच्छ हड़प जाते हैं

उन आकांक्षाओं को, जिन्हें यह राजसत्ता
अर्थतंत्र एवं मायाजाल
बढ़ाती है एवं बढ़ाकर हत डालती है
वही सब मिलकर इस दुनिया को बदलेंगे

एक भयानक निराशा के विकराल समुद्र में
अपनी टूटी हुई नाव पर बहती
एक चिड़िया मन ही मन सोच रही थी
हालांकि अभी गहरी अंधेरी रात थी
और समुद्र में सुबह होनी थी।

स्थायी भाव

आकाश के चरखे पर
चाँद की पूनी से
एक चादर की तरह
किसी ने बुना यह संसार
रेशा-रेशा, गझिन-गझिन

कामी बुना तो उस के बीच
एक जोगी ने ले लिया आकार
ऋषि बनाया तो हत्यारा आ खड़ा हुआ
पुण्य बनाया तो
उसके सहउत्पाद के
रूप में उभर आया पाप
पवित्रता बनाई,
तो अपवित्रता उभर आई
लोभ तो बुना ही नहीं था
पर न जाने कहाँ से आ गया
लालच का भाव,
नि:स्वार्थता गढ़नी चाही
तो आकर आसन जमा बैठ गया स्वार्थ,
चाँद का अधिकांश निर्मल है
पर इस संसार में न जाने क्यों आ गए इतने दाग

हाँ! अकेलापन चाँद में भी था
शायद इसीलिए आज की दुनिया में अकेलापन हो गया
है स्थायी भाव

अपनी कविता

किसी का कागज
किसी की कलम
कैसे लिख पाओगे
अपनी कविता

किसी का विचार
किसी का प्रचार
कैसे रच पाओगे अपनी कविता

अपनी कविता रचोगे
तो सम्भव है चिड़ियाँ आकर उसमें कुछ कह जाएँ
सत्ता के शोर में भी विरोध की कोई कव्वाली गूँज जाए
और वह कव्वाली आगे चलकर विरोध का फ्रॉड न साबित हो पाए
मिडिल क्लास के रैप में भी कहीं न कहीं गरीबों की
आवाज आ जाए
आँकड़ों के जाल से ऊपर आदमी का चेहरा सामने आए जाए
अपनी कविता रचोगे
तो ही इस जनतंत्र में
कुछ कर सकोगे।

यादों के लिए

हम ट्रेन से गुजरते हैं एक स्टेशन से दूसरे स्टेशन
हमसे छूटते जाते हैं अनेक दृश्य
छूटते जाते अनेक दृश्यों में से एक दृश्य के लिए
मैं आज तक रोता हूँ
बचपन में,
मैं उड़ाता था हवा में पतंगें
उन पतंगों में से मेरी लटाई से कट गई एक
सतरंगी पतंग को
मैं आज तक करता हूँ याद
सबसे छुपा कर पोंछ लेता हूँ
उसके लिए आँखों की कोर पर लुढ़क आए
आँसू

मैं नहीं चाहता मेरे जीवन में कोई आए
और मुझसे छूट जाए

मैं मनाता हूँ कि
जिन्हें छूटना है
वे मेरे जीवन में आएँ ही न
पर न जाने कहाँ से लोग आ जाते हैं
न जाने कौन उन्हें भेज देता है

वे आ जाते हैं और फिर छूट जाते हैं
छूटे हुए लोगों में से कुछ के लिए
मैं आज तक रोता हूँ

चालीस के बाद पचास के आने की धमक के बीच
जब जीवन का पतझड़ अपने आने का
देता है संकेत
मैं अपने जीवन से छूट गए
लोगों, वस्तुओं, दृश्यों, विचारों,
भावों, रंगों, गंधों, स्पर्शों
सबके लिए रोता हूँ

आज, जब छोड़ देना और
छूट जाना एक आम बात है
मेरे भीतर तड़फड़ाती मछली के
मुँह में अँकुसी की तरह
फँसी हैं कई यादें
मैं आज भी उन यादों के लिए रोता हूँ।

मेरे पास कुछ भी नहीं था

जब घर से चला था
तो मेरे पास कुछ भी नहीं था
पत्नी व्यस्त थी अपने-आप में
सो ज्यादा कुछ कर नहीं पायी थी
बेटियाँ सोई थीं, सो उनका मुझे मिल नहीं पाया था
'ऑल दी बेस्ट'
संगी साथी सब अपने में मशगूल थे
चिड़िया अपने बच्चों को स्कूल छोड़ने जा रही थी

सिर्फ थे, तुम्हारे एक दिन पहले के भेजे एस. एम. एस.
जो एयरपोर्ट पर हिला रहे थे विदा के हाथ

रात की नींद

अपमान, उपेक्षा, असफलताएँ
अपने वजूद में बिंधे विष बुझे
सहस्त्र तीरों की शरशैय्या पर
हम सोते हैं रोज रात

नींद आती नहीं
करवट ले नहीं सकते

आह-उह में गुजर जाती है रात

फिर सामने खड़ा हो जाता है
अपने तरकस में सहस्त्र तीर कसे
दिन, मेरे शिकार के लिए।
मेरी नींद रोज रात लड़ती है मुझमें
एक कठिन लड़ाई
रोज लड़ती है
और रोज हारती है

वह छछनती रहती है
छोटे-छोटे अंशों में बिखरे
विस्मरण के लिए

विस्मरण वजूद के अंदर
बिंधे तीरों का
भीतर ही भीतर बन रहे
पीबों से गलकर टूट जाना है

मेरी जिन्दगी
मेरी जिन्दगी का
बीत जाना है
एक विस्मरण के इंतजार में

वह चला जाएगा

एक दिन किसी के एस.एम.एस. से
आएगा तेरे मोबाइल पर एक संदेश
उसके चले जाने का
और वह चला जाएगा,
आँखों से आँसू की बूँद के समान झर-झर
वह चला जाएगा

तुमको और उन सबको छोड़कर
जिन-जिन की उसने बाँधे होंगे तारीफों के पुल
उन सबकी भर्त्सनाएँ लिए
वह चला जाएगा,
जिनकी उसने की होगी मदद
उन सबसे मिली कटु आलोचनाएँ
लिए वह चला जाएगा

अपने नजदीकियों के लिए किए गए
उपकार के बदले
उनका असह्य नकार लिए

एक अच्छा, भला, असफल आदमी के रूप में
एक दिन वह इस दुनिया से चला जाएगा

उसने खुद नहीं पहना
पर अनेक को पहनाया अनेक बार ताज
ताज पहनाने के बदले ताज पहनने वालों के मुख से निकले
यह वाक्य लिए—
कि अच्छा था वह, पर था बहुत अव्यवहारिक
वह चला जाएगा

अपने ही लोगों की फब्तियों एवं
कृतघ्न आकांक्षाओं की
शरशैय्या पर लेटे
सूर्य के उत्तरायण होने की प्रतीक्षा करते वह
चला जाएगा

अपनी जिस प्रेमिका से उसे सबसे ज्यादा
रहा होगा प्यार
वह आएगी सुन्दर साड़ी में अपने पति के साथ
और लौट जाएगी चुपचाप
उसके मरण पर
एक नजर फेंक

गगन में हो रही होगी अद्भुत आवाज
सामने खड़े विमान पर बैठ
वह चला जाएगा।

फूटती आवाजें

टीप्-टीप्-टीप् तू कौन है
कोई पतिंगा है
कि चिड़िया है
कि गिलहरी है
कि आकाश
कि देवता है, जिसे मुझे चढ़ाना है शराब
कि कोई पुरखा, जिसका मैं भूल गया करना श्राद्ध
कि मेरी बिछुड़ गई प्रेमिका
कि बारिश है
कि सूखी पत्तियों के टूटने की आवाज
कि एक के बाद एक अनेक तीसी के फूटने का अनुनाद
कि वे मेरी अपूरित आकांक्षाएँ हैं
या महुए के पेड़ के सामने की गई वे मनौतियाँ
जिन्हें मैं पूरा नहीं कर पाया

ट्विग-ट्विग-ट्विग
तू क्या है
वह अपठित आवाज
जो मुझे अज्ञेय जी समझ
मेरे पिछवाड़े गूँजती रहती है सुबह शाम
लेकिन तू तो समझ! मेरे पास कहाँ है

आवाजों को पढ़ने की उनके जैसी सामर्थ्य
मैं तो अपनी प्रेमिका की आवाज भी समझ नहीं पाता
मुझे तो बस भावुक होना आता है,
मुझे तो बस मुग्ध होना आता है
मुझे तो बस जलते दिए की लौ में जलकर मरना आता है
मेरे पास वैसा तर्कशील-विवेक कहाँ
टीप्-टीप्-टीप्
कहीं तू
मेरे जीवन में
असफलता की आवाज तो नहीं है।

शिल्प

भले ही वह राजपथ रहा हो
जिस पर राजा, रानी, राजकुमारी एवं बौद्धिक चलते हों
पर जब मुझे लगा कि ये डामर की सड़कें हैं
तो मेरा मन इस पथ पर चलने का नहीं हो रहा था
मैंने सोचा,
एक उबाऊ यात्रा एवं मारक गंतव्य से
बेहतर है कि रुककर ही जिन्दगी गँवा दूँ

अगर कोई लुटेरा मुझे लूट सके
तो अपने को लुटा दूँ

तभी एक गिलहरी ने अपनी आँखों से एक
पगडंडी की ओर इशारा किया
मैंने सोचा,
अब इस उमर में एक नई यात्रा का रिस्क क्यों लिया जाए
और रुककर ही जिन्दगी बिता दी जाए
तभी तरह-तरह की चिड़ियाँ
अपनी दैवी, अद्‌भुत और आकर्षक आवाजों से
मुझे बुलाने लगीं

पेड़ों ने कहा- आओ! हम तुम्हें अपने पत्ते ओढ़ा देंगे
रात में कान उठाए ख़रगोश
मेरी आँखों में वह रसायन भरने लगा
जिससे सपने बनते हैं
हिरणी, मेरी आकांक्षाओं में उड़ाने भरने लगी
तभी एक पंडुक बुद्ध की तरह
बाँसबन में करने लगा उच्चार
नई पगडंडी भले कच्ची ही हो
आजमाए एवं आदत में शुमार रास्तों से
ज्यादा अच्छी और ज्यादा सुखी दुनिया खोलती है
लेकिन तभी कोलाहलों ने फिर करना चाहा कन्फ्यूज
दिल्ली ही है अमर लोक
दिल्ली में जाओगे तो अमर हो जाओगे
दिल्ली में कोई मरता नहीं है
वहाँ मरण एक कर्मकाण्ड है
लोग मरकर जाते हैं निगम बोध घाट
फिर अपनी तेरहवीं के दिन
चमचमाते बाजार में नया अवतार ले आते हैं
तभी न जाने कहाँ से हवा का एक झोंका आया
और मुझे ठेलते हुए बोला,
कन्फ्यूज न हो,
इस पगडंडी पर बढ़ो
कहीं पहुँचो या न पहुँचो
इस पगडंडी पर चलो।

कहाँ ढूँढूँगा उसे

कोई इसे पिएगा
कोई इसे सोखेगा
कई जगह यह खुद ही सूखता जाएगा
एक दिन इस दुनिया में अपना काम कर
पानी कहीं चला जाएगा
फल मीठा लगकर खत्म हो जाएगा
फूल खिलेगा, खिलने के बाद चमकेगा हमारी आँखों में
फिर मुरझाकर झड़ जाएगा
चाँद से चू ओस की बूँदें केले के पत्ते पर गिर
उसकी चमक बढ़ा झड़ जाएँगी
शाश्वत और अमर समय घटने के बाद
बीत जाएगा

अमावस्या की रात गंगा घाट पर चमकती अग्नि में
सोने की काया राख बन रही होगी,
किसकी है यह काया
अंधेरे में सड़क किनारे रोते कुत्ते
अशुभ का संकेत करने के सिवा
कुछ नहीं कह पाएँगे
कोई अपरिचित, कोई अनाम, कोई अनजान
हो सकता है इसमें कोई वह जल रहा हो

जिसके साथ बिताए हों हमने
जीवन के कई सुन्दर पल
जिससे भावनाएँ, प्रेम और प्यार मिला हो
या वह जिससे कभी प्रेम हुआ हो, कभी दुश्मनी,
कहाँ ढूँढूँगा उसे

स्वर्ग, नरक, अमरपुर, सुरपुर या मायापुर
इस लोक में नहीं तो
हो सकता है उसी लोक में
कहीं वह मिल जाए किसी बाजार में
सब्जियाँ खरीदता या
किसी तालाब में नहाता

अरमान

भुट्टा भुने जाते वक्त हाथ से हाँके जाते बेने की
हवा में
दम-दम दमकती अरमानों से मैंने कहा,
कि यह ठीक है तुम लाल हो बुरूंस के फूल की तरह
कि तुममें उड़ान है अन्तरिक्ष के अन्तिम तल तक
पहुँच जाने वाली चिड़िया की मानिंद
कि तुम गति हो मन की, कि प्राण हो आत्मा की
लेकिन कोई जरूरी नहीं कि तुम पूरी हो
जैसे नींद में कई बार अच्छे सपने टूट जाते हैं
जैसे गर्भ में कई बार बच्चे मर जाते हैं
जैसे फुलाते वक्त ही कई बार बच्चों के गुब्बारे
फूट जाते हैं
वैसे ही

हाय बरेली के बाजार

चिली का सेब अमेरिका के बाजार में बिकता है
भारत की कविता अमेरिका के बाजार में कैसे बिके
अमेरिका का गेहूँ बिकता है नासिरी गंज बाजार में
नासिरी गंज बाजार का गेहूँ आरा के गोदाम में सड़ता है

अब हल क्यों पूजें
अब फाल की पूजा में भोज कहाँ से दें
रोपनी के गीत अब आते नहीं कण्ठ में
संस्कृति के दलाल के माध्यम में
रोपनी के गीत अमेरिका के बाजार में बिकते हैं

अमेरिका का बाजार इतना छाया है चहुँ ओर
कि हाय बरेली के बाजार
तुम्हें कौन पूछेगा
टाण्डा के बाजार, तुममें तो भूत रोता है

अमेरिका का बाजार इसी तरह फैलता रहा
तो सम्भव है
पेरिस का बाजार तो बच जाए
पर दिल्ली के बाजार में जरूर
भूत रोएगा।

इंतजार

जैसे रस्सी खोली जाती है
उल्टे हाथों से
वैसे ही कुछ देर के लिए
अपने को खोल डालो

मुक्त कर डालो अपने को
ऐसे ऐंठन से
जो तुमने अपने ही वजूद में भर लिया हैं

अपने को इतना सुसंगठित, इतना सुसज्जित
इतना व्यवस्थित कर लिया है

थोड़ा बेतरतीबी ले आओ
थोड़ा-थोड़ा असंगठित हो जाओ
एक दिन दाढ़ी न बने
ठीक से टाई न कसे
कोई बात नहीं

कुछ छूट जाए, कुछ टूट जाए, कुछ लुट जाए, कोई बात नहीं
हाँ-हाँ सर-सर, प्लस, माइनस, कुछ देर
के लिए छोड़ दो सर जी

कविता ही जीवन की आलोचना करे
कोई जरूरी नहीं
एक दिन अपने जीवन से कविता की आलोचना
कर डालो
घड़ी के समय, मोबाइल के ट्रिंग, लैपटॉप
और ईमेल से इतर
कुछ देर के लिए ही सही
अपने आदमियत में लौट आओ
न जाने कब से तेरा ही मन
कर रहा है तेरा इंतजार

काश मैं

काश! मैं एक सरल गणित की तरह होता
जिसे तुम आसानी से समझ पाते
काश! मैं ककहरा होता जिसे तुम पढ़कर आसानी से रट पाते
काश! मैं कैलेण्डर में फिट होने वाला तारीखों में से एक तारीख होता
जिसे तुम एक बार आँख उठाते और खोज पाते,
पृष्ठ संख्या पड़े हुए
सबसे आसानी से सेल्फ में दिख जाने वाले तेरे
किताब का एक पृष्ठ होता

मैं तो कोटियों को तोड़ता,
समीकरणों को ध्वस्त करता
रेखाओं को क्रॉस करता
जोगी समान मन वाला एक कवि हूँ
जो आज यहाँ तो कल वहाँ
जिसके साथ उड़ने के लिए
कल्पनाओं के पंख चाहिए

पंख सुगापंखी रंग का
बस उसके बीच में पड़ी हो नीली-सी एक छोटी छाँह

साँप छोड़ता है केंचुल

बाँस अपनी सिपुली छोड़ता है
मैं चाहता हूँ कि निर्मल होना
अपने मन की कमीनगी छोड़
छल के वस्त्र मैं छोड़ना चाहता हूँ
चतुराइयों के पंख से
मैं अब नहीं चाहता
भरना उड़ान

जैसे मणि में हर क्षण
चमक जगता है
जैसे मुक्ता में जगते हैं
जादुई भाव

मैं चाहता हूँ
मुझमें भी जगे पवित्र रोशनियों से भरे भाव और
मैं तैरना न जानते हुए भी
लालच के इस महासिंधु को
तैर कर पार कर जाऊँ
बिना डूबे, बिना एक घूँट भी पानी पिये
और बिना भीगे
मैं कामनाओं की वैतरिणी लाँघ जाऊँ

झीर-झीर बारिश

झीर-झीर बारिश
उमड़-घुमड़ रहे हैं बादल
आकाश में,
तेज हवाएँ झकझोर आम के टिकोरे गिरा रही हैं
तुम मुझसे उड़कर आकाश में पंखें फहरा रही हो
मैं रच-रचकर बनाता हूँ एक घर
जिनमें शब्दों की भीत बनाता हूँ
और भावों का दीवाल
पर न जाने क्या आता है तेरे मन में,
तुम सुग्गी उड़ जाती हो,

एक अलिखित कविता
लिखता हूँ तेरे नाम
मेरी लिखी कविताएँ लिखने के क्रम में ही
बेकार हो जाती हैं तेरे लिए
धीरे-धीरे शब्द झरते जाते हैं
वाक्य तुम तक पहुँचकर बार-बार लौट आते हैं
उन्हें मैं फिर माँजता हूँ
काटता-छाँटता, जोड़ता-घटाता
चमकाता हूँ
उन्हें फिर से तेरे पास भेजता हूँ

वे फिर हार कर लौट आते हैं
जैसे नर्मदा में पानी पर्वत शिलाओं को
मनाने में बार-बार जाते हैं हार
वे उनसे तन का, मन का, भाव की
दृश्य जगत में मौजूद सभी भाषाएँ बोलते हैं

दुनिया की सारी भाषाएँ
तुझे मेरे भावों के बारे में
समझाने में जाती हैं हार,
हालाँकि मैं जोगी, जती, सूफी
फकीर, तांत्रिक-मांत्रिक
सबसे शब्द ले चुका हूँ उधार
तुझे मनाने के लिए
सच मानो! शब्दों को मैंने अपने जीभ में
कभी भी इतना बेबस नहीं देखा था,
इसीलिए भेजता हूँ तुम्हें
एक कविता
बिना लिखा,
बिना कहा!

कोई नहीं है

उड़ते पीले पतिंगे को ड्यूटी पर जाना है
गौरैया के लिए एक जरूरी मीटिंग पहले से तय है
तितली का किसी के संग डेट है
पर्यटक जल्दी में हैं क्योंकि उन्हें कम से कम समय में
देखना है ज्यादा से ज्यादा स्थान
वह जोड़ा इस बात में लगा है कि
कैसे ज्यादा से ज्यादा
सुख भोग सके

किसी के पास भी वक्त नहीं है कि
उस पत्ते से पूछ सके कि
सब खुश हैं तो तुम क्यों हो इतने बेचैन
क्या दुख है तुझे
बगल में डाल के पत्ते अपने-अपने
परिवार में मशगूल हैं
यह कैसी दुनिया
तू बना रहा है हे खुदा
जिससे इस पत्ते से
इसका दुख पूछने वाला कोई नहीं है।

प्रातः भ्रमण का आधुनिक पुराण (मॉर्निंग वॉक)

आज दिव्य हुआ मॉर्निंग वॉक
एक तरफ से अजीम प्रेम जी आ रहे थे
दूसरे ओर से इन्फोसिस के मूर्ति नारायण
और तीसरे तरफ से मैं
तीनों मिले शेषाद्रियैया पार्क में

मैं अपने स्वास्थ्य के लिए चिंतित था
वे दोनों अध्यात्म, इन्वेस्टमेन्ट
और देश के लिए चिंतित थे

काफी गरीबी इस देश की कम कर दी है हमने
इसे सिलिकॉन में तब्दील करना है
वॉक करते-करते हाथ ऊपर नीचे करते
अजीम प्रेम जी ने फरमाया

पार्क के किनारे बैठे कई भिखारी कुछ मवाली
ऐसे मुस्कुरा रहे थे, जैसे वे हमें मुँह चिढ़ा रहे हों
उसी वक्त सिलिकॉन वैली के इस पार्क के सड़क पर
बिलबिलाते अनेक कुत्ते हाँव-हाँव करने लगे

न जाने क्या कुछ घटित हुआ,
मैं कुछ समझ न पाया
नारायण मूर्ति जोर से चिल्लाये 'हरिओम'
और हाऽऽ-हाऽऽ कर जोर से हँसने लगे
शायद यह भी एक शारीरिक अभ्यास था

चिंतित थे नारायण मूर्ति
कैसे इस देश में और ज्यादा
इन्वेस्टमेन्ट बढ़ाया जाए
सॉफ्टवेयर इंडस्ट्री में कोई श्रमिक तो होता नहीं
भले ही किसी को चार हजार माहवार मिले
किसी को चार लाख
इनके लिए कैसे ज्यादा से ज्यादा पब्लिक
फैसिलिटी प्रोवाइड की जाए

लेनिन तो कर नहीं पाए
हमने क्लिंटन और
ओबामा के साथ मिलकर
बराबरी और समाजवाद लाने की
दिशा में काफी तरक्की की है।

तभी दिख गए श्रीश्री रविशंकर
सफेद कपड़े में बुद्ध की तरह मुस्कराते
अजीम प्रेम जी ने उनसे हाथ मिलाया
श्रीश्री आर्ट ऑफ लिविंग
का सारा नियम तोड़ उनके
कान में कुछ फुसफुसाये

मैं उन फुसफुसाहटों का मतलब ढूँढ़ ही रहा था
तभी राम गुहा दिख गए पार्क में
कबूतरों को दाना खिलाते
राम ने मुझसे हलके से कहा

सॉफ्टवेयर के इन श्रमिकों के लिए
नया नाम ढूँढ़ना होगा
हम और राम बात कर ही रहे थे
कि एक पेड़ के नीचे देवगौड़ा बेल्लारी के किसानों को प्रतीक में बदल
अपने पॉकेट पर लगाये
बालों का झड़ना रोकने के लिए
बाबा रामदेव के पंतजलि योग नियम के अनुसार
अपने नाखूनों को रगड़ते जा रहे थे
और उछलते जा रहे थे
आज दिव्य हुआ मार्निंग वॉक
जैसे एक तरफ इंद्र चल रहे हों
दूसरी तरफ कुबेर
और हम साथ-साथ
मॉर्निंग वॉक कर रहे हों।

सपने सरकारी

मेरे पास
क्या नहीं है?

हाथी है, घोड़ा है,
हीरा और मोती है
नग और नगीना है
बाँकी हिरनिया है
प्रधानी, प्रमुखी, चेयरमैनी है

फिर क्यों हर क्षण मेरे मन में आता रहता है
भिक्षावृत्ति का भाव

मैं माँगता ही रहता हूँ
कभी इससे
कभी उससे
जैसे रस्सी में ऐंठन होती है
वैसे ही मेरी नसों में
क्यों भरा रहता है जी हजूरी का भाव
मैं यूँ तो आधुनिक हाव-भाव से भरा
निर्भय, स्वतंत्र, आत्मनिर्भर नागरिक हूँ
पर अगर आप मेरी आँखों में झाँकें

तो लगेगा कि
मेरे मन का रंग खाकी है
और सपनों का रंग सरकारी
मैं जाति के खिलाफ लड़ता हूँ
लड़ता हूँ धर्म के खिलाफ
पर अपने खिलाफ लड़ने की
मैंने अब तक नहीं की है कोई तैयारी
कभी-कभी तो लगता है
मैं सत्ता के बिल में घुसा एक
रंगीन चूहा हूँ
दूसरों की रोटी चुराकर खाता हुआ
और जीते ही तिल-तिल मरता हुआ

दूसरे शब्दों में कहें तो
जनतंत्र अगर और कुछ नहीं
मूड़ियों की गणना है
तो मैं मजे ले रहा हूँ
उसी की पीठ पर बैठा हुआ।

पेड़ की शोक सभा

एक पेड़ की शोक सभा में आमंत्रित हैं आप
आइए पेड़ की शोक सभा में
आइए
कल जनतंत्र और राजसत्ता ने
उतार कर मानवीय चेहरा
तोप, बम, हेलिकाप्टर
कर दिया था तैनात
रात भर चले अर्द्धसैनिक बलों के अभियान में
वह पेड़ अन्ततः मारा गया
देखिए, खबर लहरिया अखबार में पाँचवें पेज के चौथे कॉलम
की न्यूज है यह

वह लड़ रहा था
अपने पत्तों के लिए
अपने चिड़ियों के लिए लड़ रहा था
वह लड़ रहा था अपनी हरियाली के लिए
अपनी आजादी के लिए लड़ रहा था
वह धातु और नमक के लिए लड़ रहा था
किसान आए, जिनकी भूमि खतरे में है
आदिवासी आए! जिनके खदान खतरे में हैं
वे बौद्धिक आए! जो नागरिकनुमा

बौद्धिकता की रूमाल से
अपने नाक ढकने की आदत से अभी तक बचे रहे हैं
आए वे समाजशास्त्री भी, जो राज्य की हिंसा
के गौरवगान के अभियान की जद में अभी तक नहीं आए हैं
जिन्हें अभी तक योजना आयोग की सदस्यता का नहीं
आया है प्रस्ताव
वे आलोचक आए! जो कविता में क्राफ्ट की
खोज में न लगे हों
वे पाठक आए, जो कविता सुन गुनते बात
उस सैनिक सिपाही का भी स्वागत है
जिनके मौसा खेतिहर मजदूर रहे हैं
और फूफा हैं किसान
यह अपने वजूद के लिए लड़कर मर गए पेड़ की
शोक सभा है श्रीमान
जिसे न मरणोपरान्त पद्मश्री मिलेगा
न कोई राजकीय सम्मान
न ही जंगल में एक जंगल के बाहर उसके लिए
कोई मुहर्रम, कोई मातम मनाया जाएगा
इसमें कम से कम एक बार आ जाइए
लातेहार में न आ पाएँ तो दिल्ली में ही सही।

हम

कुछ हमें सताते हैं,
कुछ को हम सताते हैं
एक दूसरे को सताते हुए
हम इस सभ्यता को आगे बढ़ाते हैं

कुछ हमारा शोषण करते हैं
कुछ का हम शोषण करते हैं
ऐसे ही हम जुड़े रहते हैं एक-दूसरे से
कुछ का हम तेल चुआते हैं
कुछ हमारा तेल चुआते हैं
कुछ हमें दुखाते हैं
कुछ को हम दुखाते हैं
एक-दूसरे से ऐसे ही जुड़कर हम
एक राष्ट्र बनाते हैं

मैं पत्नी को मारता हूँ
पत्नी बेटे को
बेटा पालतू कुत्ते का कान
उमेठ-उमेठ कर जोर से रुलाता है
ऐसे ही तो
जनगण का भाव आता है

यह दुनिया का सबसे बड़ा
जनतंत्र है
जाति, धर्म और नस्ल के नाम पर
एक दूसरे को मारते, दुत्कारते
हम एक-दूसरे से
सुर मिलाते हैं।
और ऐसे ही
कपड़े के धागों की बुनाई की तरह
बुने जाते हैं

अखबारों में पढ़िए न!
टी.वी. पर भी देखिए
पति-पत्नी की
प्रेमी-प्रेमिका की
कभी पत्नी पति की
कभी प्रेमिका, प्रेमी की
सुपारी दे हत्या कराती है
बाप बेटे को मारता है
बेटा बाप को
ऐसे ही यहाँ अहिंसा
पंख फैलाती है
और ऐसे ही तो हमारी संस्कृति में
समरसता आती है
अनेकताओं के कत्ल पर
'एकता' यहाँ लेती है आकार
खंड-खंड को मार-मार
'अखंडता' आती है
हुजूर! माई-बाप, सरकार
क्या कहूँ, क्या न कहूँ
ऐसे जनतंत्र की जम्हाई से
आती है फासीवाद की बास

दीनानाथ गौतम

माथे पर चंदन
कत्थई मुस्कान
मुम्बई में टैक्सी चलाते हैं
दीनानाथ
उनके माथे पर बाल थे घने काले
बालों में एक लंबी-सी चुटिया

मैंने उनकी चुटिया देख,
कहा—
पण्डित जी, जरा तेजी से गाड़ी चलाइए
जल्दी पहुँचना है जरा

टैक्सी की गति तेज करते हुए
दीनानाथ ने कहा—
सर, मैं पण्डित नहीं
एस.सी. हूँ
यू.पी. का

मैंने अपने अनुमान को गलत होते देख
थोड़ा सकुचाते हुए कहा—
तब तो खूब पूजा पाठ करते होंगे आप,

नहीं साहब, मैं सिर्फ अपने माता-पिता
की ही पूजा करता हूँ
हालाँकि मन्दिर-मस्जिद जो भी
सामने आता है
झुका लेता हूँ सर

बार-बार हार खाया मेरा
अनुमान
मेरा सामाजिक
ज्ञान
घवाहिल हो रहा था

मैंने अपना झेंप मिटाने के लिए
कहा—
कोई जरूरी नहीं
मन्दिर जाने से ही
कोई अच्छा हिन्दू बन जाए
उसने मुस्कराते हुए कहा—
साहब! मेरा नाम है दीनानाथ गौतम
मेरा धर्म बौद्ध है
हालाँकि यह भी मुझे पहले पता नहीं था
मुम्बई में आके पता चला।

मैंने कहा—धन्य है भारत देश
जिसे एक खाके से समझा नहीं जा सकता
जिसे एक खाके से जाना नहीं जा सकता

मैं एक उपनिवेश

मैं अपने देश का विस्तृत होता हुआ एक उपनिवेश हूँ
मेरे भीतर राज करते हैं
मेरा हिंसक और मेरी हिंसा
मेरा तन, मेरा मन, मेरा धन सब है भाया राष्ट्र, एक फैलते हुए बाजार का
कहते हैं कि पैसे की कोई जाति नहीं होती
बाजार का कोई धर्म नहीं होता
पर यह क्या हो रहा है बाजार में

बाजार में
मुझमें आक्रामक, क्रूर और हिंसक
होते जा रहे हैं
मेरी जाति, धर्म और नस्लीय गर्व

मैं आधुनिक, उत्तर आधुनिक, कुछ-कुछ धर्म निरपेक्ष-सा
सिविल सोसाइटी का जागरूक सदस्य हूँ
पर इतना चैन से मत बैठिये समाज और देश के लिए चिन्तित लोगो!

मेरे भीतर
एक उग्र नागरिक सदा करवट लेता रहता है
जब भी आप सुनेंगे मेरी पीठ से लगाकर अपने कान,
उसकी आवाज आपको सुनाई देगी

मैं आजाद इंडीविजुअल
लगता हूँ आपको
पर सच में
मैं अपने देश का उपनिवेश हूँ
जिसमें राज करते हैं
आधुनिक चालाकी
पारम्परिक क्रूरता
भोग, उपभोग, लालच
जाति, धर्म और
हिंसक-सा एक राष्ट्रीय गर्व

पहचान

अजब कन्फ्यूजन है इस समय में
सब अपने-अपने पहचान से त्रस्त हैं
किसी के लिए पहचान शक्ति है
किसी के लिए सजा
किसी के लिए जो पहचान कहीं लाभ का सौदा है
वही कहीं हानि का खेल
किसी के लिए पहचान
घर में अलगनी पर टँगे कपड़े से ज्यादा कुछ नहीं है
जिन्हें कभी इसको उसमें
कभी उसको इसमें मैच करा के
पहनता है

कोई असली खाटी मूल निवासी
होने का दम भरता है
पर सच तो यह है लोगो
जो अपने को जहाँ का समझता है
सच मानो वह वहाँ का नहीं है

कलानगर का के.के. कोंकण से आया है
और मेरिन ड्राइव का आर.के. दंडकारण्य से
एस.के. दूर लातूर से

दुनिया एक खाली डब्बे के समान है
और हम खाली डब्बे में पड़े हुए
कंकड़ के समान,

डिब्बा थोड़ा भी हिलता है तो
हम इधर से उधर बिखर जाते हैं
कोई विदर्भ से जनकपुर
कोई मगध से सतारा
कोई अंगदेश, बंगदेश
कोई कोणार्क में पड़ा है
जो जहाँ खड़ा है वहीं गड़ा है
जो जहाँ गड़ा है, कोई जरूरी नहीं वह वहाँ खड़ा हो
हर कोई अपने आपको ही खूब जोर से
पकड़ के रखे है हारिल की लकड़ी के मानिंद

मुम्बई में काली-पीली टैक्सी के
स्टेयरिंग घुमाते
कहते हैं राम अवध शुक्ल
कोई कितना भी जकड़े-पकड़े भइया
पर सच तो यह है
कि यह दुनिया कंजूस मालकिन की
सराय है
जहाँ पर हर क्षण सबको अपना बिस्तरबंद
पैक रखना है
कब हो जाए जाने का आदेश
कोई ठीक नहीं।

✪✪✪